勇士时间·编

GOLDEN STATE WARRIORS

30

CURRY

励志手帐

兄弟

——他是永远可靠的伙伴——

北京时代华文书局

他是永远可靠的伙伴

择一城终老，与数人并肩，
库里 2009 年进入联盟，
经过十几载岁月磨砺，
他早已是勇士队之魂，
他早已是城市英雄。

队魂

英雄

他与克莱·汤普森和德拉蒙德·格林一起，
从初出茅庐的新秀成长为“勇士王朝”的基石。

他与斯蒂夫·科尔亦师亦友，
演绎了神射手的传承，
更诠释了团队篮球的魅力。

他与安德烈·伊戈达拉并肩作战，
从对手到队友，
他让老将心悦诚服。

他与肖恩·利文斯顿携手同行，
两位克服伤病、王者归来的勇士都有不屈之心。

STEPHEN
CURRY

更难能可贵的是，
这位勇士队内当之无愧的核心球员，
永远以谦逊和善的姿态对待每一位队友。

赛场之下，他酷爱耍宝却又尽显领袖风范，
他是“勇士王朝”人人信服的“大哥”。

赛场之上，他用勤勉的无球跑动、卖力的防守挡拆，
心甘情愿地揽下脏活累活，
他是勇士队体系不可或缺的核心。

他是“金州勇士王朝”的奠基人，

他更是金州勇士队球员过去十几载最好的队友。

奠基人

斯蒂夫·科尔

亦师亦友
相互成就

科尔与库里，
两位射手于 2014 年正式携手，
开启了互相成就的光辉岁月。

2014

Steve Kerr

科尔作为主教练，
一手搭建起了金州勇士队的体系，
将球队打造成为一支冠军之师。

库里则是勇士队体系的核心与不可或缺的一环，

他出色的投射和无球跑动，

让勇士队体系所向披靡。

科尔成就了库里的冠军梦想，
库里也让科尔从“菜鸟”主帅变成传奇教练。
他们不仅演绎了神射手之间的传承，
更是成为亦师亦友的最佳搭档。

克莱·汤普森

“水花兄弟”

〇

他们因篮球空心入网的声音得名“水花兄弟”，
他们是 NBA 最让对手绝望的后场组合。

库里和汤普森，
他们同时拥有精准的投射能力以及关键时刻的大心脏。

库里和汤普森，
他们默契十足，无数次力挽狂澜，
成为“勇士王朝”最坚实的底座。

库里和汤普森，
他们情谊深厚，共同坚守，
经历低谷、绝望，却又携手王者归来。

Stephen Curry
&
Klay Thompson

还记得汤普森打破单场三分命中数纪录时，

谁最兴奋吗？

原纪录保持者库里。

德拉蒙德·格林

最坚强的后盾

他是“勇士王朝”不可忽视的后盾，
他为勇士队提供最坚实的掩护、
最舒服的传球和最强硬的防守。

他是库里最忠诚的守护者，
只有库里能让他收敛暴脾气，
只有库里能让他心悦诚服。

格林的强势崛起，
不仅构建了勇士队“死亡五小”不可或缺的一环，
更开启了勇士队的冠军之门。

格林的“大动作”“大嘴巴”引起无数争议，
但他却永远守护着库里。

“勇士王朝”的荣耀之路上，
“水花兄弟”和格林，
始终坚定地携手迈进。

Draymond Green

凯文·杜兰特

是强悍对手
亦是最强队友

〇

斯蒂芬·库里的荣耀之路上，
凯文·杜兰特曾经是“大逆转”的背景，
曾经是勇士队前进路上的注脚。

斯蒂芬·库里的荣耀之路上，
凯文·杜兰特曾经是最强的队友，
曾经是“宇宙勇”的终极密码。

两人携手之时，金州勇士队化身“宇宙勇”，
诸强竭尽全力仍无力匹敌。

两人分别之后，仍是联盟的顶级巨星，

各自为战，互相祝福。

在库里和金州勇士队的世界里，
杜兰特或许只是过客，
但注定会留下难以磨灭的记忆。

安德烈·伊戈达拉

心悦诚服的老大哥

○

曾几何时，伊戈达拉是库里赛场相见的对手，
他拒绝伤害这位冉冉升起的新星。

曾几何时，伊戈达拉是库里携手冲冠的队友，
他力拼詹姆斯，助库里首圆冠军梦。

时过境迁，
伊戈达拉是库里再度相逢的挚友，
他耗尽最后的能量，助库里再度冲冠。

时过境迁，
伊戈达拉早已与库里结下无比深厚的友谊，
他也在勇士队队史写下不朽的篇章。

Andre Iguodala

当伊戈达拉选择回归勇士队时，

库里动情地写下：

“他好像从未离开。”

乔丹·普尔

射手的传承

他拥有与库里极其相似的体形与打法，
他甚至一度将库里“挤出”首发阵容。

Jordan Poole

他是勇士队用两年的时间培养出的“水花兄弟”接班人，
是被勇士队寄予厚望的未来之星。

他经历了从低谷到“小斯蒂芬·库里”的蝶变征程，
如今已是库里身边最值得信任的神射手。

Jordan Poole

普尔的职业生涯足够励志，也足够幸运，
因为他拥有库里这样的大哥和领路人。

34 岁的库里看着 23 岁的普尔，

满眼都是年轻时的自己，

未来他能否扛起勇士队的大旗？

安德鲁·维金斯

雪中送炭的状元郎

○

他是天赋异禀的状元郎，
却在选秀后被交易，
职业生涯前几年郁郁不得志。

他是雪中送炭的状元郎，
杜兰特出走、锋线乏力之际，
他火线驰援勇士队。

他拥有让人一眼难忘的治愈笑容，
更拥有让人惊叹的“控分”能力。

维金斯携手库里的时日虽不算长，
他却早已成为勇士队不可或缺的新生力量。

“我只想帮斯蒂芬赢下 FMVP（总决赛最有价值球员）。”

治愈系的笑容之下，

他亦拥有让人敬畏的决心。

哈里森·巴恩斯

七号秀的价值

巴恩斯，

库里之后勇士队选中的又一个7号秀，

他是低调却重要的争冠拼图。

7

2014—2015 赛季，

那支年轻的勇士队阵中，

巴恩斯和格林构筑起的锋线，

助库里圆了总冠军梦。

2016 年总决赛的失利使巴恩斯成为众矢之的，

杜兰特替代他也被视作一次重要的升级。

Harrison Barnes

往后岁月里，他面对库里未尝胜绩，
被媒体和球迷视作茶余饭后的谈资。

但勇士队球迷一定不会忘记，
库里的首次夺冠之旅，
“北卡黑鹰”留下了不可磨灭的印记。

大卫·李

他把巅峰献给勇士队

库里曾为他出头，奋不顾身地与大中锋搏斗，
无视体形差距，浑身是胆。

库里曾为他送上总冠军戒指，
感谢他将巅峰奉献给了黎明前的勇士队。

他在巅峰时期未能遇到勇士队的巅峰，
不得不说是莫大的遗憾。

但这位极具才华的大前锋，
却是库里职业生涯初期重要的队友和帮手。

David Lee

库里称李是自己的人生导师，

李职业生涯最美好的岁月亦是由金色写就。

他是库里初入联盟时的勇士队大哥，
曾因库里身材瘦弱而公开质疑球队的选择。

但他最终却被库里的努力和勤勉征服，
直言库里赢得了自己的尊重。

送走他随后扶正库里，
成为“勇士王朝”最终成形的重要操作。

蒙塔是库里职业生涯早期不得不提的人物，
也一度与库里成为“勇士双枪”。

从看轻库里到尊重库里，
蒙塔的态度与联盟很多人如出一辙，
我们见证了库里打败偏见的征程有多不易。

肖恩·利文斯顿

共同追赶的伙伴

他曾是潇洒飘逸、天赋卓群的高个儿后卫，
被视作“魔术师”约翰逊的接班人。

他曾拥有无限美好的未来，
是被快船队寄予厚望的建队潜力股。

Shaun Livingston

重伤几乎摧毁了他的天赋，
却未曾磨灭他的斗志与热爱。

他在勇士队不断追赶曾被寄予厚望的自己，
尽管再也无法到达想象的高度，
但他稳定的跳投依然是“勇士王朝”亮眼的风景。

重伤之后王者归来，
低谷之中仍怀雄心壮志，
这是利文斯顿和库里都曾写下的故事。

乔纳森·库明加

幸运的7号秀

2021 年勇士队用第 7 顺位选中了库明加，
这是他们在库里之后的第二个 7 号秀。

同为 7 号秀，
他却比库里幸运得多，
第一个赛季便能感受季后赛乃至总决赛。

库里奋斗了 6 年才圆梦总决赛，
他却能在“菜鸟”赛季和老大哥们战至最高舞台。

7

Jonathan Kuminga

他是续写“勇士王朝”新篇章的重要希望，
他的身上隐藏了太多的潜力和能量。

2009 年勇士队在第 7 顺位选中库里，
开始了十几载的光辉岁月。
下个十几年，库明加能做到吗？

勇士时间·编

GOLDEN STATE WARRIORS

30

CURRY 励志手账

荣耀

—他是坚韧不拔的王者—

北京时代华文书局

他是坚韧不拔的王者

“下个赛季没人想要碰到我们！”

33 岁的库里放出的狠话，

34 岁的库里用总冠军兑现。

时隔 3 年再度杀入总决赛并第 4 次捧杯，

距离库里 27 岁首次拿到总冠军已经过去 7 年之久。

27 岁的那股清风吹到了今天，
34 岁依旧是最好的年纪，
这是上天对坚忍灵魂的最好嘉奖。

13 年职业生涯库里遇到了无数的磨难和坎坷，
但人生反复的淬火没有摧毁他，
反倒让他百炼成钢。

6 次闯入总决赛 4 度捧杯，
库里缔造了那些璀璨到无以复加的时刻。

Stephen Curry

2015年他异军突起，夺得职业生涯首冠；

2017年和2018年他完成两连冠，创造“勇士王朝”；

2022年他王者归来，重新捧起奥布莱恩杯。

30

库里，

他是坚韧不拔的王者，

他是身披 30 号战袍的“金州勇士”。

季后赛首秀

6 场憾负马刺队

2012—2013 赛季，

完全找回健康的库里，

终于迎来了自己的首次季后赛之旅。

库里用自己惊艳的表现证明，

他天生属于这个大舞台。

他在季后赛首轮淘汰掘金队，
季后赛次轮面对强大的马刺队 6 场憾负。

库里的首次季后赛之旅留下了遗憾，
但已然足够精彩。

金州勇士队自此步入西部豪强之列，
一支震惊全联盟的球队正在酝酿。

对决快船队憾负

“勇士王朝”最后的沉寂

2013—2014 赛季，

整装待发的勇士队，

再度闯入季后赛并与快船队激战。

库里和保罗两代“超巨控卫”首次季后赛对决，
年轻的库里和勇士队 3 ： 4 憾负。

尽管未能比前一个赛季更进一步，
但“抢七”激战的历练让年轻的勇士队收获了成长。

当实力和经验都已积攒到即将爆发的时刻，
金州勇士队将势如破竹地开启荣耀旅程。

这个赛季将是“勇士王朝”最后的沉寂，
全联盟即将见证让他们惊叹的风暴。

40 年的等待
冠军终归勇士队

科尔在 2014—2015 赛季成为勇士队的主教练，
“水花兄弟”和德拉蒙德·格林正式成为球队的核心。

“水花兄弟”势如破竹，席卷联盟常规赛，
勇士队季后赛连战连捷，重回总决赛大舞台。

“死亡五小”力拼詹姆斯立下奇功，
勇士队最终以 4 ： 2 击败骑士队登顶。

40

作为NBA历史上最古老的球队之一，
勇士队在1975年夺冠后陷入沉寂。

40年饮冰未凉王者热血，
2015年的NBA总冠军属于金州勇士队。

绝境下的逆转
总决赛再度到来

2015—2016 赛季勇士队依旧是争冠的最大热门，
但西部决赛差点儿让他们的卫冕征程戛然而止。

同样实力超群的雷霆队打出了近乎完美的前 4 场比赛，
勇士队陷入 1 ∶ 3 落后的绝境。

历史上罕有球队能够实现大逆转，
但“水花兄弟”却坚决地书写了新的历史。

库里最后 3 场系列赛全部轰下超过 30 分，
汤普森更是在第 6 战大爆发。

最终勇士队连胜 3 场，逆天改命——
总决赛，
库里和他的勇士队，
又来了！

挥之不去的遗憾

73胜勇士队丢冠

2016

2016 年的总决赛注定成为库里一生的遗憾，
勇士队 3 ∶ 1 领先，
却痛失好局。

虽然总冠军的梦想早已实现，
但 2016 年丢冠的遗憾于库里而言，
无法说忘就忘。

库里和他的勇士队曾经见过花开，
怎能甘心花落别家？

丢冠之后的勇士队迎来了杜兰特，
自此，让全联盟颤抖的“宇宙勇”走上历史舞台。

第二冠

“宇宙勇”势如破竹

杜兰特的加盟让勇士队的火力更加凶猛，
“水花兄弟”加上“死神”的配置太过豪华。

纵使走上季后赛这样强者的舞台，
勇士队也证明了只有他们才是真正的强者。

西部三轮比赛他们全部横扫对手，
以 12 胜 0 负的不败战绩挺进总决赛。

纵使詹姆斯几乎无所不能，
面对这样的“宇宙勇”也是无力回天。

库里和他的勇士队以 16 胜 1 负的骄人战绩，
轻松惬意地再度捧起总冠军奖杯。

4年3冠

NBA再现王朝球队

库里的夺冠之路仍在继续，
但 2017—2018 赛季，
勇士队的季后赛之旅不再轻松。

誓将勇士队拉下马的火箭队，
在哈登和保罗的领衔下同样势如破竹。

两支实力超强的球队在西部决赛的舞台厮杀，
勇士队一度 2 ： 3 落后，陷入险境。

这一次库里没有重现 10 年前的噩梦，
他和勇士队连胜 2 场实现大逆转。

总决赛勇士队横扫骑士队登顶，
4 年 3 冠，
勇士队正式迈入王朝球队的行列。

孤独的悲鸣

总决赛
第二次失利

〇

三连冠对于 NBA 诸强都是莫大的诱惑，
勇士队也在 2019 年开启了追逐三连冠的征程。

火箭队再度成为他们的拦路虎，
西部半决赛勇士队虽然取胜，
但付出了惨痛的代价。

2019

杜兰特的受伤以及库里的带伤作战，
都为总决赛埋下了不好的伏笔。

2019 年的总决赛注定是让勇士队刻骨铭心的战役，
杜兰特和汤普森接连重伤。

库里以悲壮的姿态、孤独的悲鸣遗憾败北，
也第二次尝到了总决赛失利的滋味。

王朝的低谷

“水花兄弟”饱受伤病困扰

O

冲击三连冠失败于勇士队而言是一次重创，
他们付出了极其惨痛的代价。

汤普森的重伤以及杜兰特的转身离开，
让昔日辉煌的勇士队陷入了低谷，
库里遭遇骨折重伤，
更是让勇士队彻底失去了希望，
曾经的冠军之师要无奈地接受归于平庸的命运。

“水花兄弟”饱受伤病困扰的这个赛季，
勇士队在积蓄着自己的能量。

这支不甘平凡的王者之师，
将在未来的某个时刻重新闪耀在大舞台之上。

饮恨附加赛
黎明就在眼前

苦盼汤普森一个赛季的勇士队，

却要在 2020—2021 赛季之前无奈地接受汤普森再度重伤的事实。

库里率领这支球队艰难地战斗着，
他们在“豪强”林立的西部为一个季后赛席位奋力一搏。

附加赛中勇士队接连不敌湖人队和灰熊队，
最终遗憾无缘季后赛。

球队连续两个赛季的蛰伏让库里无比失落，
但于勇士队而言，黎明就在眼前。

未来的赛季他们将迎回汤普森，
他们将迎来蜕变的普尔和维金斯，
他们将迎来黎明！

憾负出局的库里，
留下了“下个赛季没人想要碰到我们”的豪言。

苦盼已久的勇士队，
也终于等来了不可或缺的汤普森。

Klay Thompson

两年在低谷中的苦苦蓄力，
为他们带来了天赋异禀的维金斯、库明加，
带来了突飞猛进的普尔。

尽管已经无缘季后赛两年，
但骨子里刻着冠军基因的金州勇士队，
从未放弃过对奥布莱恩杯的渴望。

最终，

勇士队以王者归来之势杀入总决赛，

这是库里兑现诺言的方式。

冠军终归这里

FMVP 终归库里

第 4 个总冠军，

第 1 个 FMVP，

库里不仅兑现了诺言，

更狠狠地击碎了质疑。

FMVP

43

他在总决赛屡创三分球纪录，扛起全队，

第 4 战更是轰下 43 分逆天改命。

冠军终归这里！FMVP终归库里！

这是上天对坚忍灵魂的最好嘉奖。

克莱·汤普森

“水花兄弟”

Kevin Durant

David Lee

蒙塔·埃利斯

“斯蒂芬赢得了我的尊重”

O

4年3冠

NBA再现王朝球队

〇

孤独的悲鸣

总决赛第二次失利

王朝的低谷

“水花兄弟”饱受伤病困扰

○

“下个赛季没人想要碰到我们”

库里兑现承诺

Klay Thompson

冠军终归这里

FMVP 终归库里

第 4 个总冠军，
第 1 个 FMVP，
库里不仅兑现了诺言，
更狠狠地击碎了质疑。

FMVP

43

他在总决赛屡创三分球纪录，扛起全队，

第 4 战更是轰下 43 分逆天改命。

时隔3年再度杀入总决赛并第4次捧杯，
距离库里27岁首次拿到总冠军，
已经过去7年之久。

7

27 岁的那股清风吹到了今天，

34 岁的库里证明了他依旧在最好的年纪。

冠军终归这里！FMVP 终归库里！

这是上天对坚忍灵魂的最好嘉奖。